AF331216

JEAN FABRY

Rédacteur en Chef de *l'Intransigeant*
Député de Paris

POUR VIVRE LA PAIX

Les Lois Militaires

> « *Les Lois militaires, par leurs réper-
> cussions sur l'éducation et le travail de la
> nation, sont des lois essentiellement politiques
> et sociales. L'œuvre de réorganisation entre-
> prise et tout l'avenir de la France sont
> étroitement liés aux solutions qui seront
> données aux problèmes militaires.*
> « *Jean FABRY.* »

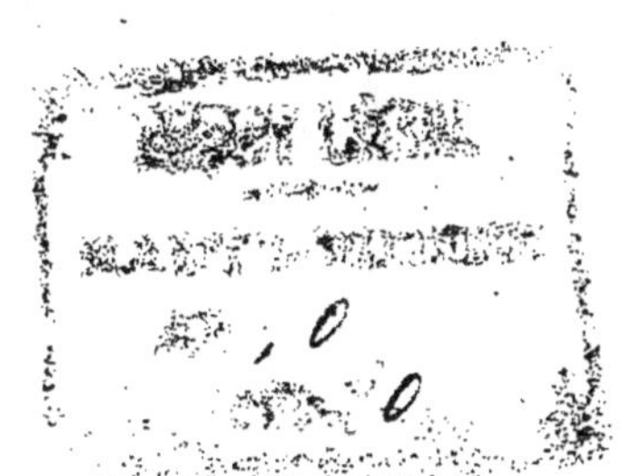

PARIS
Henri CHARLES-LAVAUZELLE
Éditeur militaire
124, Boulevard Saint-Germain, 124

Même Maison à Limoges

1919

Ces articles ont été publiés dans l'*Intransigeant*
les 12, 14, 19, 23 Août,
7, 28 Octobre et 17 Décembre 1919.

LES LOIS MILITAIRES

(12 août 1919.)

Les conditions du désarmement de l'Allemagne sont connues; et aussi celles de l'assistance militaire qu'à la place de la Société des Nations, l'Angleterre et les États-Unis ont promise à la France. Le moment est venu de discuter nos lois militaires et le gouvernement ne saurait plus longtemps se dérober à son devoir, qui est d'éclairer et de guider l'opinion.

Notre population masculine est si durement éprouvée — morts, grands blessés, déficit des naissances — qu'il faut sans plus attendre utiliser au mieux les jeunes hommes qui nous restent. Nos finances sont si mal équilibrées, qu'il faut réduire nos dépenses militaires.

Dans le calcul des obligations militaires imposées à notre jeunesse, il faudra tenir compte de ces considérations, et chercher à assurer notre sécurité au plus bas prix possible. Il s'agit maintenant de vivre la paix sans trembler, ni dormir.

*

Les pères de famille se demandent comment leurs fils vivront la paix, s'ils seront soldats et pour combien de temps? Ils ont besoin de savoir tout cela pour guider leurs enfants; la France a besoin de le savoir pour utiliser au mieux ses jeunes hommes.

Demain, les électeurs vont poser la question aux candidats? Que répondront ceux-ci? Le problème est extrêmement complexe; on ne saurait improviser en pareille matière; cela n'empêchera pas les futurs députés de promettre la lune.

Le gouvernement n'a pas fait son devoir; il aurait dû depuis longtemps réunir les chefs militaires les plus qualifiés et les représentants les plus autorisés du Parlement. Le Ministre de la guerre, assisté de l'état-major de l'armée, aurait institué une discussion au cours de laquelle une opinion raisonnée se serait fait jour. Actuellement, le gouvernement pourrait en avoir une et la dire en expliquant quelle sera *vraisemblablement* la nature de l'effort à fournir par le pays.

Au lieu de cela, chacun travaille isolément, alors qu'il n'est pas un ministre ou un général, ou un député, ou un journaliste qui puisse se flatter de bien voir, sous tous ses aspects différents, le grave problème que la France doit résoudre.

**

Essayons ici, en toute bonne foi, de le discuter. Et d'abord, une armée est-elle nécessaire?

Certains disent : « N'ayez plus de soldats, alors vous n'aurez plus de guerres! » Je crois qu'il faudrait d'abord être certain que la guerre est devenue une chose impossible; alors, en effet, on n'aurait plus besoin de soldats. S'il n'y avait plus de voleurs, on n'aurait plus besoin de gendarmes; mais ce n'est pas en supprimant les gendarmes qu'on ferait disparaître les voleurs. Tant qu'il ne sera pas démontré que l'Allemand pillard, voleur, batailleur est devenu un petit saint, sans doute le meilleur moyen d'empêcher la guerre sera d'avoir quelques soldats bien armés. La Société des Nations n'en possédant encore aucun, il faut bien que la France en ait.

**

Combien? Voilà la question posée.

S'il lui fallait entretenir une armée constamment prête à faire la guerre (on sait maintenant ce que cela veut dire), la France se ruinerait *à construire* et à *renouveler* le matériel ultra-moderne et ultra-puissant nécessaire. Nous touchons ici au point de départ du raisonnement, et il est délicat: Si jamais on doit encore se battre, il faudra d'abord s'armer; aucun peuple n'est assez riche pour se payer le luxe d'avoir un matériel à la hauteur dans ses magasins. Pour réunir les effectifs d'une coalition et les armer, la mobilisation future — militaire, industrielle, agricole — exigera non plus quinze jours, mais des mois. Elle n'aura plus pour but de « *compléter* » l'armée du temps de paix, mais de « *créer* » presque de toutes pièces l'armée du temps de guerre. Mobiliser, désormais, voudra dire s'armer, s'équiper; et l'armée du temps de paix devra permettre de faire en sécurité cette opération nécessaire.

*
* *

Précisément parce que cette mobilisation de l'avenir est difficilement imaginable, et dans tous les cas de forme variable, puisqu'elle dépendra de facteurs variables : développement de la Société des Nations, force et composition de la coalition, nature du matériel..., il ne faut pas songer à créer pour l'éternité.

Dans les conditions actuelles connues (traité de paix, armement moderne), il faut se proposer d'organiser une armée qui, pendant quinze ans, réponde bien à ce qu'on doit attendre d'elle : la sécurité des frontières pour s'armer.

*
* *

Voici, dégagée, quoique imparfaitement, la grande donnée du problème : la *nécessité d'organiser, avec le minimum de frais, une armée qui nous permette de vivre quinze ans tranquilles. Après, ou pendant, on verra à faire mieux et meilleur marché.*

Il reste maintenant à entrer dans le cœur du problème; c'est-à-dire à l'aide des *chiffres exacts* des effectifs jugés nécessaires pour le temps de paix et des ressources des classes actuelles ou prochaines, à dégager *la loi de recrutement* et la *durée du temps de service;* puis à envisager l'utilisation des contingents appelés.

Je donnerai prochainement les chiffres et une opinion.

(14 août 1919.)

Quelle sera demain notre organisation militaire? Elle sera *certainement* très différente de notre organisation de 1870 à 1914. Entre la guerre à laquelle nous nous préparions alors et celle que nous devons imaginer aujourd'hui la différence est énorme. Si nous raisonnions en 1920 comme nos pères ont raisonné en 1871 et en 1913, nous ferions fausse route. Nous sommes en face d'un problème tout nouveau.

Hier, on mobilisait *des hommes :* près de deux millions; en un petit nombre de jours on les armait avec des fusils et des canons emmagasinés à l'avance en aussi grand nombre qu'il fallait. C'est ce qu'on appelait la nation armée; le facteur important c'était *l'homme*.

Demain, ce sera *le matériel* : celui que nous connaissons déjà (tanks, avions, explosifs, etc.), et celui qu'on inventera. Ce ne sera pas assez de réunir des hommes, même instruits des choses de la guerre, il faudra surtout les armer formidablement. Il ne peut être question d'entretenir en temps de paix ce trop coûteux matériel que la science modifiera et perfectionnera sans cesse.

Cela suffit pour changer toutes les conditions de *l'entrée en guerre*. Le pays devra fournir alors, en même temps que des hommes, un immense effort industriel et agricole, organiser ses transports, régler sa vie économique. Toute la préparation à la guerre est profondément modifiée.

Pour fournir cet effort, le pays aura besoin de *tous ses hommes, de toute sa terre, de toutes ses usines*.

C'est pourquoi il faut qu'à *tout moment ses frontières demeurent inviolées* et *les mers libres*. Le premier but de notre organisation militaire sera donc celui-ci : avoir en tout temps une force armée capable, *dans l'état actuel des armements de l'Allemagne et de nos alliés*, de faire que nos frontières soient inviolables.

Cela est absolument *nécessaire*, et, comme nous devons viser à la stricte économie d'hommes et d'argent, cela sera suffisant pour le temps de paix, au moins pour les premières années; après, on verra.

*
* *

De cette donnée *fondamentale* découleront toutes mes conclusions; en particulier, et tout de suite, qu'un repli quelconque au début de la guerre est inadmissible; que le système des milices est passé de mode, car il préparait une armée d'hommes, et il faudra créer une armée de matériel. La nation armée, telle que la concevait Jaurès, ne répond plus aux besoins à venir.

Il faut imaginer autre chose : un vaste mécanisme dont une partie ne jouera qu'à l'état de guerre : d'abord, une *armée du temps de paix, constamment équipée et entraînée, qui sera sommairement complétée à la mobilisation et rendue capable de garantir l'inviolabilité des frontières;* ensuite *une défense antiaérienne formidable, une organisation industrielle valable pour la paix et la guerre, une mobilisation agricole, une armée d'inventeurs et de « perfectionneurs » de l'armement, un pro-*

gramme de développement des moyens de transports terrestres et maritimes, etc., etc.

Voilà *les lois militaires* de demain. Ici, une observation est indispensable : dans un tel domaine, l'imagination peut se donner libre cours; aussi faut-il l'enfermer dans un cadre très net. C'est celui qu'a créé le traité de paix. Tout le raisonnement qui va suivre n'est valable que si l'Allemagne reste désarmée dans les conditions fixées, et si la Belgique, l'Angleterre, les États-Unis sont toujours dans les dispositions actuelles et l'état de préparation qui en découle sur terre et sur mer.

*
* *

La question qui préoccupe le plus justement les familles est celle-ci : comment sera constituée l'armée du temps de paix?

Il lui faut des hommes; du matériel aussi. Mais les hommes, voilà le point capital pour les pères de famille. Combien en faudra-t-il? Quelle sera *la durée du service?*

Des chiffres sont maintenant nécessaires : les classes 1918 et 1919 comptent chacune 220.000 hommes; chaque classe qui suivra (Alsaciens-Lorrains compris) en comptera 220.000 à 230.000.

On arrivera à un total de 50.000 à 80.000 rengagés (peut-être 100.000) en les payant. On peut, et il faudra arriver, grâce au système de recrutement et au service de trois ans nouvellement institués en Afrique du Nord et en Afrique occidentale, à avoir constamment sous les armes de 200.000 à 300.000 indigènes.

Alors, voici un total à retenir : une classe (230.000) + les rengagés (70.000) + les indigènes (250.000) = 550.000 hommes.

La question est celle-ci : 550.000 hommes (dont 250.000 indigènes), est-ce trop, ou est-ce assez, ou est-ce trop peu pour que nous puissions organiser cette armée qui assurera l'inviolabilité des frontières (et aussi l'exécution du traité de paix)?

Si c'est trop, le service d'un an est trop long; si c'est trop peu, il est trop court; si c'est assez, il doit être suffisant.

Ici, les opinions différentes se manifesteront. Personnellement, je crois (je donnerai mes raisons) que 550.000 hommes, ce sera assez, et, par conséquent, que *douze mois de service effectif pour tous les Français* suffiront; à condition, toutefois, que certaines mesures transitoires assurent une bonne soudure et l'exécution du traité; à condition que l'on adopte une organisation assez souple et des précautions de mobilisation suffisantes pour *qu'à toute époque de l'année* notre sécurité soit certaine; à condition, enfin, je le répète, que le cadre actuel dans lequel ce raisonnement est bâti ne soit pas profondément modifié. Je m'expliquerai sur ces conditions.

(19 août 1919.)

Les conclusions déjà dégagées ici et qu'il faut maintenant résumer sont les suivantes :

1° Dans l'état actuel du monde, la France a besoin d'une organisation militaire qui lui permette, en cas de guerre nouvelle, de bien utiliser pour sa défense toutes ses ressources;

2° Une armée ne pourra se battre qu'autant qu'elle sera riche d'un matériel formidable, et, par ailleurs, si perfectible et si coûteux, qu'aucune nation ne pourra s'offrir le luxe de l'emmagasiner dès le temps de paix;

3° L'organisation militaire sera donc à deux degrés : *une armée du temps de paix* (1er degré), qui — grâce aux premières mesures de mobilisation — donnera au pays le temps et les moyens d'armer *son armée du temps de guerre* (2e degré), en assurant en tout temps l'inviolabilité de ses frontières;

4° Par suite du désarmement de l'Allemagne, du jeu de nos alliances, cette *armée du temps de paix peut être réduite* (elle pourra l'être plus si la Société des Nations tient ce qu'elle promet). Pour des raisons d'économie d'hommes et d'argent, elle *doit être réduite* le plus possible;

5° Un effectif de 550.000 hommes — qui totalise une classe (230.000 hommes), les rengagés (70.000) et 250.000 indigènes — semble suffisant. La durée du service actif serait de douze mois.

*
* *

Il me reste à donner les raisons qui justifient ce cinquième paragraphe.

Est-il utile, avant, de s'arrêter encore à cette objection tenace : « Si vous voulez des soldats, c'est que vous préparez la guerre »? Non; les hommes de ma génération, qui ont fait la guerre en première ligne, travaillent avec toute la sincérité de leur cœur à la rendre pour toujours impossible. Ils pensent que tous les moyens qui peuvent garantir la paix : conciliation, arbitrage, éducation morale, doivent être employés à l'assurer; mais ils croient en outre, comme l'a affirmé Jaurès (*L'armée nouvelle*) qu'il est indispensable « *d'assurer la paix, vaillamment, par la constitution d'un appareil défensif si formidable que toute pensée d'agression soit découragée chez les plus insolents et les plus rapaces* ».

Faut-il aussi s'arrêter longtemps à démontrer que le *service égal et obligatoire pour tous* est seul à envisager à l'exclusion de tout autre? Cela, non seulement parce que notre pays a le culte de l'égalité, mais aussi parce que ce ne serait pas assez de quelques centaines de mille de *soldats de métier* pour sauver la France attaquée; la force de l'appareil défensif qu'il faut imaginer résidera avant tout dans le fait que *tous ses hommes valides* seront préparés pendant la paix à défendre leur pays et leur liberté.

*
* *

Il s'agit donc bien d'organiser un « appareil défensif ». Ce n'est pas avec 550.000 hommes (dont 250.000 indigènes) qu'on peut rêver de guerres et de conquêtes.

En termes clairs, l'armée du temps de paix que j'envisage ici serait une armée *de couverture* pour la grande armée nationale du temps de guerre, comme les corps frontières étaient des troupes de couverture pour l'armée de 1914.

Pourquoi 550.000 hommes dont 250.000 indigènes?

Ici, je suis obligé de donner quelques chiffres (*très suffisamment exacts*). Nous avions (et nous devrons avoir pendant longtemps) *au Maroc* 73.000 hommes, *en Algérie-Tunisie* 62,000, *aux colonies* 60.000, *en Palestine* 20.000. Soit un total de 220.000 hommes environ, constamment hors de France. On admet que les Français doivent compter dans cet effectif pour un cinquième, soit 40.000 hommes.

Il nous resterait donc, en *France*, 300.000 — 40.000 = 260.000 soldats métropolitains, et nous aurions 70.000 indigènes disponibles.

Sur le Rhin — pendant quinze ans — nous entretiendrons un effectif de 100.000 hommes, dont 30.000 employés dans les services.

En définitive, *à l'intérieur du pays*, pour assurer l'ordre, pour instruire les cadres, former les spécialistes, etc., il resterait environ 160.000 soldats métropolitains.

Je crois ces chiffres actuellement nécessaires et suffisants. Plus tard, si l'effectif des troupes du Rhin a pu être diminué, si la Société des Nations a grandi en force et en autorité, si l'Allemagne est sage, on aura sans doute besoin de moins d'hommes. En ce moment, ces chiffres montrent qu'il faut demander à tous les Français de faire douze mois de service actif.

*
* *

Certaines mesures de transition seront nécessaires. Nous n'avons pas encore les 250.000 indigènes prévus, et peut-être les besoins seront-ils quelque temps encore supérieurs à ceux que j'ai dits (ainsi l'armée d'Orient subsistera quelques mois encore). Il est possible que l'on soit conduit à avoir au début deux classes sous les drapeaux. La classe 1918 devant être légalement libérée en mai 1920, on appellerait à cette date la classe 1920, qui pourrait faire dix-huit mois de service, jusqu'au 1er octobre 1921, époque où commencerait définitivement le service d'un an. Je dirai comment il faudrait le régler pour qu'à tout moment la frontière soit sûre.

*
* *

J'aurais déjà obtenu un immense résultat si j'avais convaincu mes lecteurs de la nouveauté et de la complexité du problème. Ils en connaissent l'importance. Il faut que, par un effort sincère de tous les hommes de ce pays, nous arrivions à une loi « populaire », admise et comprise, malgré les prêcheurs de désarmement et de désordre. Jaurès a écrit : « Un pays qui ne pourrait aux jours de crise, où sa vie est en danger, compter sur le dévouement national de la classe ouvrière, ne serait qu'un misérable haillon. » C'est sur ses ouvriers et sur ses paysans qu'un pays s'appuie dans la paix et dans la guerre.

(23 août 1919.)

Dans l'étude que j'ai faite de notre future organisation militaire, j'ai jusqu'ici dégagé les grandes lignes et évité les détails trop techniques. Je ne puis terminer cette très incomplète présentation d'une si vaste entreprise, sans dire comment le service de douze mois pourrait nous permettre d'organiser cette armée du temps de paix, que j'ai appelée armée de couverture. Armée de couverture, parce que sans cesse en état d'assurer l'inviolabilité absolue de nos frontières, elle donnerait à la France le temps de s'armer pour la guerre moderne, c'est-à-dire de mettre en action, en construction, puis en mouvement, la formidable machine qu'est devenue l'armée nationale du temps de guerre. Cette armée ne comprend plus seulement des hommes et des canons, mais aussi un matériel extrêmement varié et puissant, et, à chacune de ses divisions combattantes, correspond nécessairement en arrière une ou plusieurs divisions de chantiers, d'usines, de mines, de culture agricole, etc. Pour un homme qui se bat, quatre ou cinq doivent produire.

**
★★

Le service de douze mois nous donnerait 550.000 hommes — une classe (230.000 hommes), des rengagés (70.000) et des indigènes (250.000).

Sur ces 550.000 hommes, j'ai montré que 220.000 seront toujours stationnés hors de France (Maroc, Algérie, Palestine, colonies).

Ainsi 280.000 pourraient être constamment en France ou sur le Rhin.

Tout de suite, il faut dire que cet effectif paraît faible pour garantir l'inviolabilité de nos frontières. Mais on organiserait, pour la dernière classe libérée, une mobilisation ultra-rapide; ce qui porterait à 500.000 hommes l'effectif immédiatement disponible, bientôt augmenté des envois de l'Algérie et du Maroc.

Même si 500.000 hommes n'étaient pas jugés suffisants, cette mobilisation ultra-rapide (elle est facile à réaliser) pourrait affecter les deux dernières classes libérées, ce qui donnerait un effectif total de 700.000 hommes.

Mais — c'est mon excuse d'avoir donné ces chiffres — il faut faire bien attention qu'on ne doit pas appeler des hommes inu-

tiles; il ne faut appeler que ceux jugés nécessaires, parce que
c'est pour cet effectif qu'il faudra entretenir, dès le temps de
paix, tout *son matériel de guerre*. Il y a intérêt à calculer juste.

*
* *

Cette mobilisation ultra-rapide est en même temps un remède
à un gros inconvénient du service d'un an. Si on l'applique sans
précautions, c'est-à-dire si, incorporant une classe le 1ᵉʳ octobre
1921, on la libère le 30 septembre 1922, on n'aura pas de soldats
présents pendant les trois mois qui suivront; car il faut au moins
trois mois pour dégrossir un fantassin (plus de trois mois pour
former un spécialiste): et, du 1ᵉʳ octobre 1922 au 1ᵉʳ janvier 1923,
la jeune classe (appelée le 1ᵉʳ octobre 1922) ne sera pas instruite. Pour remédier à cet inconvénient, on peut envisager un
système comportant douze mois de service effectif et trois mois
de permission. Ainsi la classe appelée le 1ᵉʳ octobre 1921 serait
libérée le 1ᵉʳ janvier 1923, quinze mois plus tard. Même les étu-
diants pourraient répartir ces quinze mois entre le 1ᵉʳ juillet 1921
et le 1ᵉʳ octobre 1922 pour respecter les dates de l'année sco-
laire. Tous auraient eu entre temps *trois mois de permission*.
La soudure entre le 1ᵉʳ octobre 1922 et le 1ᵉʳ janvier 1923 serait
parfaitement assurée.

Je fais grâce d'autres détails, mais j'ai tenu à montrer que le
système de douze mois de service effectif est assez élastique et
assez souple s'il est combiné avec la mobilisation ultra-rapide
d'une ou deux classes, pour porter à tout moment en huit jours
500.000 hommes (ou 700.000 hommes) à la frontière.

Ce résultat me paraît entièrement satisfaisant.

*
* *

Il resterait à envisager de nombreux et importants côtés du
problème : en premier lieu, l'instruction physique de la jeunesse, sa préparation militaire, puis la formation rapide de cadres solides et bien instruits de leurs devoirs, l'armement et
l'instruction des troupes, le recrutement des états-majors, l'en-
traînement des spécialistes, l'organisation des différentes armes, etc., etc., sans parler des autres lois militaires : mobilisation industrielle, agricole, défense antiaérienne, liberté des
mers, inventions et expériences, moyens de transports, etc., etc.

Peu à peu je le ferai.

Il fallait en quelques articles dégager les grandes lignes du problème. Je l'ai tenté. Il faut qu'avant les élections chacun se soit fait une opinion et, je le répète, il faut que le gouvernement ait fait connaître la sienne et les raisons qu'il a de s'y tenir.

Nul parti ne peut aller devant ses électeurs sans un programme militaire, et tous devront se souvenir que le chef du parti socialiste, Jaurès, a écrit : « Le parti qui n'aurait pas le courage de demander à la nation les sacrifices nécessaires à sa vie, à sa liberté, serait un parti misérable et bientôt perdu par son indignité même. »

Il y a quelque temps, le *Times*, commentant les rapports du maréchal Douglas Haig, disait : « La leçon qu'il faut tirer des observations de ce grand soldat sur notre manque de préparation lorsque la guerre nous surprit ne devrait pas être perdue pour les politiciens, même les plus irresponsables, ou pour les plus fanatiques des pacifistes. »

(7 octobre 1919.)

Le désarmement général pourra être envisagé lorsque la Société des Nations sera en mesure de faire respecter l'ordre et sa volonté, c'est-à-dire lorsqu'elle disposera de forces de police internationales et sera résolue à s'en servir.

Jusque-là la France doit s'organiser militairement et demeurer armée dans la mesure reconnue nécessaire pour que soient assurés le maintien de la paix et le respect de ses droits. M. Doumer au Sénat, MM. Paté, Renaudel, A. Thomas à la Chambre, l'affirment et proposent des solutions; la presse en discute plusieurs; le pays en attend une qui réduise ses charges au minimum.

Le gouvernement se tait et il a tort, car les premières manifestations de l'opinion au Parlement et dans la presse la montrent timide, routinière, mal informée.

On hésite à faire du neuf, et il est nécessaire d'en faire; on déclare qu'en 1914 tout allait mal, et on bâtit « dans le cadre de la loi ancienne » (projet Renaudel). Cependant, après cinq ans de guerre de coalition qui ont contraint les peuples à se dépenser jusqu'à l'épuisement dans tous les domaines de l'activité et de la production, peut-on croire qu'il suffira de mettre au goût du jour une formule périmée?

Loyalement, nous devons faire tout ce qui peut être fait pour empêcher la guerre; mais nous ne ferons cela loyalement que si nous voyons exactement le péril auquel il faut nous soustraire.

*
* *

En premier lieu, si, malgré nos efforts, la guerre recommence un jour, le cadre de la mobilisation des forces du pays ne sera plus uniquement *militaire* comme en 1914; il sera *national,* car on sait maintenant ce qu'est la nation armée. Non seulement il faudra réunir des effectifs en armes, mais il faudra aussi mettre en action, pour la guerre, les usines, les transports, les mines, les campagnes; la mer, la terre et les airs.

Même le cadre sera plus vaste : international; car il ne saurait plus y avoir d'autres guerres que des guerres de coalition.

En second lieu, la préparation des effectifs ne comportera pas seulement l'instruction et la réunion des hommes, mais aussi la fabrication et l'utilisation d'un *matériel* si nombreux, si divers, si puissant, si perfectible qu'aucun pays n'a les épaules assez fortes pour supporter l'écrasante charge financière et l'entretien de ce matériel pour tous les effectifs mobilisables.

*
* *

Tout projet d'organisation militaire qui ne s'inspire pas de ces deux conditions est insuffisant; en particulier, tout projet qui ne met pas au premier rang de ses préoccupations le problème du matériel est gravement incomplet et ses conclusions sont frappées d'impuissance.

En outre, il ne faut pas bâtir théoriquement et pour l'éternité, mais pratiquement et pour la période de quinze ans d'application du traité. Il faut tenir compte de la nécessité d'occuper les pays rhénans, des conditions de l'alliance avec l'Angleterre et les États-Unis et du désarmement de l'Allemagne par le traité, de l'imperfection actuelle de la Société des Nations. Si un de ces facteurs se transforme, on apportera à notre organisation les modifications nécessaires ou possibles.

*
* *

Ce sont ces considérations qui m'ont conduit à formuler ici au mois d'août une solution dont je rappelle les principales données :

L'organisation pour le temps de guerre (mobilisation) ne peut se faire désormais qu'en deux échelons, parce qu'aucun pays ne peut la préparer complète dès le temps de paix.

Un premier échelon sera en tout temps préparé et apte à *courrir le pays*, à lui éviter une surprise, à lui conserver *intégralement* la disponibilité de toutes ses ressources : terre, ciel, soussol, mers. Ce sera l'armée du temps de paix, armée de couverture constituée *avec tout son matériel*. On peut la réaliser avec un service de douze mois effectifs, combiné avec l'utilisation des forces indigènes et la mobilisation ultra-rapide d'une ou deux classes.

Derrière ce rempart, le deuxième échelon — la nation — mobilisera; elle réunira ses effectifs, les armera, mettra en train ses fabrications, ses transports, son agriculture de guerre; elle attendra ses alliés, etc., etc.

*_**

Aucun des projets que j'ai lus attentivement ne traite la question d'un point de vue assez général. *Tous escamotent le problème capital du matériel.* Le projet Doumer chausse les bottes de l'organisation de 1914. La réduction à un an du temps de service est un argument qui peut faire illusion; il n'aura de valeur que dans un autre cadre. MM. Renaudel et A. Thomas avouent qu'ils bâtissent dans le vieux cadre; ici, la réduction du service à huit mois devient un argument électoral, qui aboutit à désorganiser l'armée d'occupation du Rhin.

Le projet Paté, dont je ne connais que les grandes lignes, semble donner à une *armée de métier* le rôle d'armée de couverture. Je considère que la plus grave erreur que nous puissions commettre serait de créer une armée de métier. Elle est une hérésie dans la forme actuelle de la guerre, et il faut tout faire pour que *l'armée de demain ne soit pas une armée dans la nation, mais la nation elle-même.* C'est une nécessité d'avoir des cadres et quelques éléments de carrière, mais il ne faut pas souhaiter voir leur effectif devenir trop élevé. Dans tous les cas, cette partie permanente doit vivre au contact intime de l'âme de la nation. A cette condition elle aura vraiment l'esprit qui doit animer les armées nationales d'aujourd'hui. Je sais par expérience que seule l'influence renouvelée chaque année des jeunes classes de la conscription provoque et entretient cette réaction nécessaire de la nation sur les cadres de son armée. Il sera même indispensable de les intéresser à sa vie politique.

(28 octobre 1919.)

Autrefois, quand on nous déclarait la guerre, le gouvernement mobilisait « une armée » suivant un plan qui, d'année en année, faisait aux ressources du pays un plus large appel; puis il conduisait la guerre avec ces ressources. En 1914, ce principe dirigeait encore notre action. Demain, si nous étions attaqués, ce n'est plus une armée qu'il faudrait mobiliser, mais la nation tout entière sans en excepter un seul de ses habitants ou un coin de sa terre.

Tant que l'Allemagne ne sera pas réellement désarmée (et je crains que la façon dont s'organisent les opérations du contrôle interallié soit franchement mauvaise), tant que la Société des Nations demeurera désarmée en face du désordre, c'est-à-dire tant qu'une police internationale ne sera pas créée, la France devra rester « une nation organisée et armée pour se défendre ». Cette obligation représente une charge qu'il serait fou de rejeter, parce qu'il n'y a pas, en ce moment, de meilleur moyen d'éviter le retour d'une guerre atroce que d'être forts; mais l'état d'épuisement actuel de la France exige que cette charge *soit la moins lourde possible.*

*
* *

Dans aucun cas, on ne peut se dispenser de donner l'éducation militaire à tous les citoyens. C'est une condition absolue pour la France, handicapée par sa faible population, de mettre tous ses enfants en mesure de la défendre. Il ne peut y avoir d'organisation militaire efficace qui ne repose pas sur le principe de la conscription : service obligatoire et égal pour tous.

D'ailleurs, la « nation armée », telle que l'expérience de la guerre la définit, exige la conscription et exclut la solution d'une armée de spécialistes (armée permanente, de métier, de volontaires).

Il peut sembler qu'en écartant cette solution on se prive d'un moyen d'alléger la charge militaire; il n'est pas prouvé, d'abord, que financièrement ce moyen soit bon; dans tous les cas, il est exécrable moralement, car il conduirait à un divorce entre une armée professionnelle et la nation mal ou pas instruite militairement, et avide de tranquillité et de paix. C'est ce qu'il faut éviter par-dessus tout; l'armée n'est plus capable de faire la guerre moderne si elle n'a pas l'âme et les passions, l'esprit et les croyances de la nation, si elle ne représente pas exactement la nation; et la nation ne peut être « la nation armée » si elle n'est pas éduquée militairement.

*
* *

C'est ici que ce raisonnement juste peut conduire à des conclusions fausses et dangereuses.

On peut dire : puisqu'il faut réduire nos charges militaires au minimum, calculons exactement le temps qui est nécessaire pour donner l'instruction militaire et fixons ainsi la durée du service.

Et certains parlent de la fixer à trois ou six mois.

Ils oublient que cette « nation armée » qu'on peut assimiler aux réserves d'hier restera exposée à de cruelles surprises si une troupe solide, entraînée, armée, ne lui donne pas le temps de se réunir, de s'agglomérer, de s'armer. Ce qui manquera toujours au début aux formations de réserves, ce ne sera pas l'instruction, ni le courage, ni même l'encadrement et peut-être l'armement, mais cette cohésion morale qui donne à chaque unité une âme et qui fait sa force principale. Elle naît de la parfaite connaissance que chacun a dans l'unité de ses chefs et de ses camarades, de la confiance réciproque qui s'établit, de la personnalité du chef. Elle ne s'invente pas, elle se manifeste après des semaines de vie commune et plus ou moins vite; mais quand elle existe, elle décuple la valeur de l'unité.

Jaurès savait bien que cette vertu capitale manquait aux réserves hâtivement assemblées, lorsqu'il prêchait le dogme d'une couverture fortement constituée. Combien cette couverture sera plus indispensable à la « nation armée » trop pauvre pour entretenir dès le temps de paix tout l'immense matériel nécessaire!

*
* *

Personne ne nie plus que l'armée du temps de paix doive être, comme je l'ai dit, la véritable couverture de la nation armée. Seulement, certains demandent que cette armée de couverture soit constituée avec des *éléments de carrière* ou des *volontaires*. Ainsi ils pensent pouvoir ramener au temps nécessaire à l'instruction la durée du service. Je crois que la formule même de la nation armée veut que ce soient *des éléments nationaux*, dus à la conscription, qui forment cette armée de couverture. J'ai montré que la classe appelée et la plus jeune classe libérée (ou

les deux plus jeunes), soumises à des règles de mobilisation
extra-rapide dans les unités d'origine, peuvent et doivent former cette armée de couverture dont la permanence est nécessaire. Par suite, la durée minimum du temps de service qui peut
être envisagée est de douze mois. Il n'est pas nécessaire de douze
mois d'instruction pour faire un soldat; mais, tant que la Société
des Nations ne sera pas en mesure de « couvrir » notre mobilisation, le service d'un an est une nécessité, si nous voulons rester dans la tradition républicaine, qui, associant intimement
l'armée et la nation, a fait de la France la plus grande nation du
monde.

(17 décembre 1919.)

Nous avons démobilisé, et cela était nécessaire; mais il ne
l'était pas moins de *réorganiser* une force militaire. Cependant
on s'est contenté de laisser l'armée maigrir sans mesure dans le
cadre vieilli de la loi de trois ans, que la guerre a démesurément
étiré. La classe 1919 va flotter toute seule dans cet ample vête-
ment, car la classe 1918 sera libérée bien avant que la classe
1920 soit utilisable.

Pour avoir *presque désarmé*, avons-nous mieux assuré la paix?
Il suffit de voir comment l'Allemagne se redresse. Que les rê-
veurs du désarmement bon gré mal gré regardent :

L'Allemagne n'est pas désarmée; la Société des Nations, par
contre, l'est ridiculement; et nous, parce que nous nous conten-
tons de nous « désorganiser » militairement, nous devenons peu
à peu impuissants.

Il n'est pas question de reprendre la guerre, mais précisément
d'empêcher qu'elle recommence jamais; il n'est pas question
d'accroître ni de rétablir nos charges militaires de 1914, il est
absolument nécessaire, au contraire, de *les réduire notablement
et le plus possible*; mais on n'atteindra pas ces deux résultats
en laissant s'accentuer le désarroi actuel; il faut, au contraire,
créer sans retard une organisation nouvelle, *adaptée à nos obligations et à nos moyens*.

*
* *

Nos obligations sont précises : nous devons assurer l'exécution du traité; et, comme de plus en plus la sagesse et la justice
commanderont de ne plus concevoir d'expéditions de l'autre

côté du Rhin, nous devrons *dans tous les cas tenir et bien tenir les provinces rhénanes;* elles sont un gage si précieux qu'il nous dispensera heureusement d'en désirer d'autres. Nous devons aussi garder la Cilicie et le Maroc.

Le gouvernement n'a plus, pour agir, qu'un grand corps militaire squelettique, parce qu'il n'a rien su mettre à la place du vieux cadre d'avant la guerre; parce qu'il n'a su ou voulu faire travailler personne, ni le conseil supérieur de guerre, qu'il n'a pas restauré, ni l'état-major de l'armée qu'il laisse aller à l'abandon, ni des commissions extraparlementaires qu'il n'a pas réunies, ni les commissions parlementaires qu'il n'a pas réveillées.

Alors il dit ou laisse dire qu'il va instituer le service de deux ans; dans le texte de la loi actuelle, on mettrait deux ans au lieu de trois, et le tour serait joué.

*
* *

C'est une plaisanterie!

S'il s'agit d'une mesure temporaire qui fournira pour une organisation *momentanée* les effectifs nécessaires, passe encore. Il est possible qu'en attendant l'institution d'un nouvel ordre de choses on soit obligé de maintenir deux classes sous les drapeaux.

Mais imaginer qu'on peut persévérer dans la vieille loi, en se contentant de réduire progressivement le temps de service, c'est commettre une grossière erreur.

Il faut faire du neuf; ce n'est pas seulement la durée du service qu'il faut changer, mais les principes, la forme, tout l'ensemble de notre organisation.

Ce n'est plus une armée qu'il faut préparer, c'est vraiment une nation dont il faut dénombrer *toutes* les forces *humaines, scientifiques, industrielles, commerciales, agricoles,* pour prévoir et préparer leur utilisation en cas de guerre.

Formule dont l'application exigera un effort considérable, car on ne mobilisera plus une nation en quelques jours. Cela supposerait qu'on entretiendrait toujours prêt un matériel énorme et sans cesse perfectible, et que les usines, ou, mieux, l'usine de la guerre serait toujours installée. Aucun pays ne sera assez riche ou assez fou pour s'offrir ce luxe.

La France victorieuse, mais épuisée en hommes et en argent, et cependant obligée de garantir le traité et la paix, gages de son avenir, devra appliquer la formule dans la mesure où elle peut le faire et où il est nécessaire qu'elle le fasse.

*_**

Il faut donc qu'elle discerne clairement ce qui est *nécessaire* et ce qui est *possible*.

Ce qui, avant tout, est *nécessaire*, c'est la garde du gage du Rhin, doublement précieux, puisqu'à lui seul il vaut pour toutes les clauses du traité et il assure l'intégrité du territoire national.

Ce qui est *nécessaire* aussi, c'est de n'enlever au travail nos jeunes hommes que pendant le temps minimum.

Ce qui est *impossible*, c'est d'imaginer que la France peut emmagasiner le matériel de guerre correspondant à la totalité des effectifs nationaux.

Ce qui est *possible*, c'est, avec un service effectif de douze mois, de constituer une armée du temps de paix, non pas éparpillée dans le cadre organique et territorial des lois actuelles, mais groupée en un nombre *d'unités solides* suffisant pour assurer à la fois la *couverture*, l'*instruction* et l'*ordre*.

Ce qui est *possible*, c'est de développer l'organisation des contingents indigènes; c'est, par-dessus tout, d'organiser *la mobilisation extra-rapide des deux plus jeunes classes*; c'est enfin d'entretenir *tout le matériel scientifique perfectionné correspondant à l'ensemble de ces effectifs immédiatement utilisables*.

Ainsi serait créé ce premier *échelon de couverture* de la « nation armée », capable d'abord de tenir le Rhin, ensuite de donner à la nation le temps et les moyens de s'armer.

J'ai montré dans de précédents articles qu'un service obligatoire de *douze mois* permettra d'atteindre ce résultat précis. Mais c'est toute une organisation nouvelle à substituer à celle d'hier. Sans doute cela demandera du temps et des mesures transitoires. Pourquoi a-t-on perdu des mois à ne rien faire? Et pourquoi, au lieu de se résigner à bâtir dans le vieux cadre (projet Doumer, projet Renaudel, et celui qu'on prête au gouvernement). ne s'engage-t-on pas résolument dans la voie nouvelle?

Jean FABRY,
(Lieutenant-Colonel Fabry)
Député de Paris.

PARIS, 124, BOULEV. St-GERMAIN, ET LIMOGES. — IMPR. MILITAIRE CHARLES-LAVAUZELLE